Maurice Kirsch

In Hülle und Fülle

Pasteten und Terrinen

FALKEN VERLAG

Terrinen und Pasteten zu jedem Anlass

Bereits im 14. bis 15. Jahrhundert standen Pasteten und Terrinen im Mittelpunkt einer jeden festlichen Tafel. Man verzehrte sie warm, aber auch kalt mit allerlei Beilagen. Auch bei der ländlichen Bevölkerung haben Pasteten und Terrinen Tradition. Manch goldgelbe Teighülle enthielt das gehütete Geheimnis der Bäuerin, die ihr Wissen wiederum nur in ihrer Familie preisgab.

Heute mutet uns eine solche Spezialität als eine fast unerreichbare Delikatesse an. Nun, so schwer wie Sie sich dieses Kapitel der Kochkunst vielleicht vorstellen, ist es nicht.
In diesem Buch möchten wir Ihnen die Herstellung von Pasteten und Terrinen auf einfachste Weise erklären und Ihnen einen außergewöhnlichen Genuß nahebringen.

Inhalt

TERRINEN UND PASTETEN IN VERLOCKENDER VIELFALT

Kalte Vorspeisen sind ein besonders interessantes Kapitel der Kochkunst. Hier sind Vielfalt und Phantasie gefragt, um die Neugier der Gäste auf das Folgende zu wecken. Mit Terrinen und Pasteten fällt es leicht, der Lust am Genuß zu frönen.

Wichtiges über die Herstellung von Terrinen und Pasteten

Es treten immer wieder Verwechslungen zwischen Terrinen und Pasteten auf. Generell können beide aus den gleichen Zutaten hergestellt werden, der Unterschied aber liegt bei der Hülle. Pasteten sind stets von einem Teigmantel umgeben, der die Farce vor dem schnellen Verderb schützen soll. Wenn Sie in einem Restaurant eine Gänseleberpastete serviert bekommen, und es fehlt der „Mantel", dann ist es eben nur eine Terrine und keine Pastete.

Ganz fachlich gesehen gibt es die unterschiedlichsten Pastetenarten, zum Beispiel die Kastenpastete, Vol-au-vents, Krustaden, Timbalen, Bouchées, Törtchen, Rissolen, Pies... und und und. Nicht, daß es so schwer wäre, alle diese zu erklären und nachzukochen. Sich dem Kapitel zunächst mit Bedacht zu nähern, erscheint uns am sinnvollsten.

Terrinen sind, wie schon oben erwähnt, Pasteten ohne Teighülle. Man nennt sie aus diesem Grund fälschlicherweise auch Schüssel- oder Napfpasteten.

Terrinen und Pasteten werden in der Regel kalt als Vorspeise oder als leichter Hauptgang verzehrt, dazu reicht man eine Sauce aus pürierten Früchten oder eine Sahnesauce.

Der Teigmantel bei den Pasteten diente zu der Zeit, als es noch keine Kühlvorrichtungen wie den Kühlschrank und dergleichen gab, zur Konservierung der Farce.

Die Terrinen wurden zu diesem Zweck mit einer Fett- beziehungsweise einer dicken Schmalzschicht überzogen. Wir werden das Kapitel der Lagerung der Terrinen und Pasteten übergehen, da ich denke, daß eine Terrine oder eine Pastete nicht lange gelagert, sondern eher frisch gegessen werden sollte.

Gelees sind zwar nicht mit Terrinen oder Pasteten vergleichbar, aber eine Pastete ohne einen schmackhaften und füllenden Gelee wäre nur der halbe Genuß. Ein Gelee wird aus kollagenhaltigen Knochen und Knorpeln gewonnen. Jeder kann Aspik oder Gelee selbst herstellen, um damit die Pasteten zu füllen. Auf den folgenden Seiten wird deren Zubereitung genau beschrieben. Sie können sich die Herstellung auch erleichtern, indem Sie Blattgelatine oder Aspikpulver verwenden; die Substanz bleibt die gleiche.

Ein selbstgemachter Gelee ist jedoch schmackhafter als ein fertig gekaufter.

Denken Sie daran, daß eine Terrine oder Pastete an den Anfang eines Menüs gehört. Diese Vorspeisen sollten grundsätzlich kalt gegessen werden. Blattsalate und Früchte- oder Sahnesaucen sind eine ideale Ergänzung für diese Köstlichkeiten vorweg.

Zutaten von bester Qualität

Die Zutaten für die Herstellung von Terrinen und Pasteten müssen unbedingt frisch und von bester Qualität sein. Das Bindevermögen des Fleischeiweißes wird schlechter, je länger die Ware gelagert wird, das bedeutet, daß eine Farce mit älteren Rohstoffen zubereitet, weniger gut gelingt, sie eventuell sogar gerinnt.

Ist eine Farce einmal geronnen, so läßt sie sich nur schlecht für eine Terrine oder Pastete verwenden. Ihr Schicksal ist dann, eine Frikadelle oder ähnliches zu werden.

Auch der Geschmack der Terrine hängt deutlich vom Ausgangsprodukt ab. Je frischer die Zutaten, um so besser wird der Eigengeschmack der Terrine oder Pastete. Eine Fischterrine/-pastete soll nicht nach „Fisch" riechen, sondern so aromatisch klar und natürlich wie das frische Ausgangsprodukt. Bei dessen Verarbeitung müssen Sie unbedingt darauf achten, daß alles, was zur Zubereitung verwendet wird, immer sehr gut gekühlt ist. Stellen Sie deswegen alle Produkte und Geräte während der einzelnen Arbeitsschritte in den Kühlschrank, noch besser ist es, wenn Sie die zu verarbeitenden Lebensmittel anfrosten. Dazu Näheres in den folgenden Ausführungen.

Ich weiß, es ist schwierig, Fleisch von hoher Qualität oder wirklich frischen Fisch zu bekommen.

Bitten Sie Ihren Metzger oder Fischhändler, daß sie Ihnen die benötigten Lebensmittel Ihren Anforderungen entsprechend besorgen. Das erfordert sicher in einigen Fällen Ihre Überredungskünste. Auch bei den Salat- und Saucenzutaten sollten Sie beim Einkauf größte Sorgfalt walten lassen. Die Mühe wird dafür später durch einen rundum vollendeten Genuß belohnt.

Der Pastetenteig

Mürbeteig mit Ei

Für 1 Pastete
Zubereitungszeit ca. 15 Min.
ca. 1900 kcal/7980 kJ

250 g Mehl
100 g Butter, zimmerwarm
1 Ei
Salz

1. Das Mehl auf eine Arbeitsfläche sieben. Die Butter in Stücke schneiden und dazugeben.
2. Mehl und Butter mit den Händen verreiben.
Das Ei mit wenig Salz zu dem Mehl-Butter-Teig geben.
3. Alles zusammen zu einem glatten Teig verkneten, diesen in Folie wickeln, und mindestens ½ Stunde ruhen lassen.
4. Die Verarbeitung ist in den folgenden Kapiteln beschrieben. Die Teigmenge ist ausreichend für eine Pastetenform von 1 Liter Fassungsvermögen.

Variation
Sie erhalten einen Schmalzteig, wenn Sie bei gleicher Zubereitung statt der Butter dieselbe Menge Schweineschmalz verwenden.

Hefeteig

Für 1 Pastete
Zubereitungszeit ca. 60 Min.
ca. 1950 kcal/8190 kJ

250 g Mehl
125 g Butter, zimmerwarm
Salz
½ Würfel frische Hefe
wenig lauwarme Milch
1 Ei

1. Das Mehl auf eine Arbeitsfläche sieben. Die Butter in kleine Stücke schneiden und zugeben, mit wenig Salz würzen.
2. Die Hefe in der Milch lösen und mit dem Ei verrühren. Alle Zutaten zusammen zu einem Teig verarbeiten und etwa ½ Stunde gehen lassen.
3. Den Teig anschließend nochmals kräftig durchkneten und diesen Vorgang in kürzeren Abständen noch zweimal wiederholen.
4. Wie in den angegebenen Rezepten weiter verarbeiten. Die Teigmenge ist ausreichend für eine Pastetenform von 1 Liter Füllmenge.

Wasserteig

Für 1 Pastete
Zubereitungszeit ca. 30 Min.
ca. 1000 kcal/4200 kJ

250 g Mehl
Salz
Wasser

1. Das Mehl in eine Schüssel oder auf eine Arbeitsfläche sieben und eine Prise Salz zugeben.
2. Soviel lauwarmes Wasser zugießen und mit dem Mehl verkneten, wie der Teig an Flüssigkeit aufnehmen kann.
3. Den Teig in Folie wickeln und noch mehrmals durchkneten. Wie in den Rezepten beschrieben, verarbeiten. Die Teigmenge ist ausreichend für eine Pastetenform von 1 Liter Füllmenge.

Feinschmecker-Tip

Bemerken Sie bei der Herstellung, daß der Teig zu fest oder zu flüssig ist, so geben Sie Wasser oder Milch oder noch Mehl hinzu, bis Sie einen geschmeidigen Teig erhalten.

TERRINEN UND PASTETEN, GUT IN FORM

Das Faszinierende an Gerichten wie Pasteten und Terrinen liegt wohl darin, daß man aus bekannten Lebensmitteln solch feine und ansprechende Speisen zubereiten kann. Sie sind eine Attraktion auf jeder Tafel und als Vorspeise oder auch als leichtes Hauptgericht ein Genuß.
Daß dies auch so gelingt, ist nicht nur eine Frage hochwertiger Zutaten und geschickter Handhabung, sondern auch eine „Formsache". In der Regel werden Pasteten und Terrinen in einer Kastenform gegart, aber es sind in der traditionellen Küche verschiedener Länder auch andere Varianten entstanden.
Da gibt es zum Beispiel die Galantinen oder Rollpasteten. Dies waren eigentlich sehr feine, schmackhafte Pasteten, die aus entbeintem Geflügel, Lamm-, Ziegen- oder Schweineschulter und auch aus anderen Fleischsorten bestanden. Man wikkelte die Füllungen in Tücher und pochierte sie anschließend in einer geleehaltigen Brühe. Heute werden diese Galantinen genauso wie die Terrinen hergestellt. Man überzieht sie nach dem Stürzen noch mit einer Deckglasur. Die Decksauce kann sowohl weiß als auch braun sein und besteht in der Regel aus einer Béchamel- oder Chaudfroid-Sauce, die mit Aspikpulver verstärkt wurde. Oder sie ist eine reine gelatinehaltige, dicke Sauce. Die Saucen werden meist noch mit Alkohol, wie Cognac oder Armagnac, fein abgeschmeckt. Zum Schluß wird das Ganze mit Früchten, Nüssen, Tomatenfilets, Kräutern und anderen Zutaten dekoriert.
Eine weitere Gruppe der frei geformten Terrinen sind die Ballottines. Hierfür werden Geflügelkeulen mit einer feinen Farce gefüllt und kalt oder warm serviert.
Zampone, ein italienischer Vertreter dieser wunderbaren Gerichte, ist ein Schweinefuß, der mit einer Farce aus Fleisch, Pöckelzunge, Räucherspeck, Gänseleber, weißen Trüffeln und Pistazien gefüllt und in einer Brühe gargezogen wird. Diese Delikatesse kann man in guten Feinkostgeschäften auch heute noch kaufen.
Die Möglichkeiten, Pasteten und Terrinen zu formen, sind damit aber noch lange nicht erschöpft. Mit ein wenig Phantasie können Sie vielen der in diesem Buch beschriebenen Farcen ein immer neues und ausgefallenes Gewand geben. So lassen sich Geflügelbrüste oder gar Pilze wie die Morchel füllen und in einer Brühe garen. Man läßt sie anschließend darin erkalten und verfährt in ihrer weiteren Zubereitung wie bei den Terrinen beschrieben. Solche „Miniterrinen" bieten sich besonders dann an, wenn bei der Herstellung einer Terrine etwas Farce übrigbleibt.
Bereitet man diese Vorspeisen in einer Form zu, sollte die Pastete oder Terrine mindestens einen Tag, besser noch über Nacht, kühl stehen. Danach kann das Herauslösen eventuell einige Mühe bereiten. Lassen Sie heißes Wasser über die umgedrehte Form laufen, und lösen Sie den Rand vorsichtig, indem Sie mit einem Messer entlangfahren. Erfolgreich gestürzt, schmeckt eine Pastete oder eine Terrine nochmals kurz gekühlt am besten.
Viel Spaß beim Kochen, es ist wirklich nicht so schwierig, wie Sie denken.

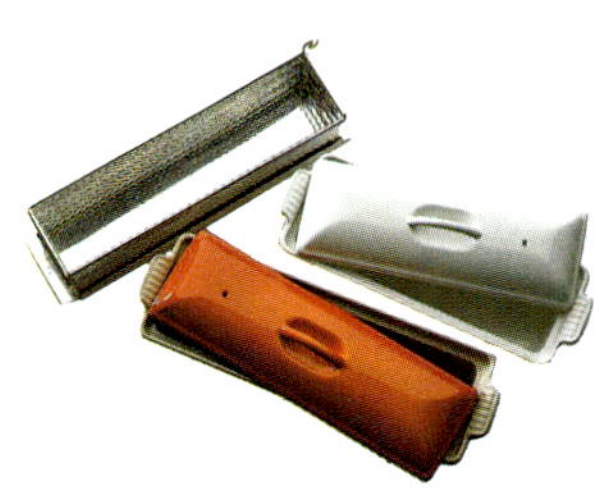

Die Zubereitung Schritt für Schritt

Kalbfleisch-Terrine

Für 12–16 Portionen
Zubereitungszeit ca. 120 Min.
ca. 6000 kcal/25200 kJ

500 g Kalbsbries
Salz
Lorbeerblätter, Pfefferkörner
Nelken
1 kleine Zwiebel
geklärte Butter
700 g Kalbfleisch aus der Keule
2 cl Cognac
Salz, Pfeffer
geriebene Muskatnuß
200 g fette Speckscheiben
300 ml süße Sahne
3 Eier
75 g Pistazienkerne

1. Das Kalbsbries unter fließendem Wasser säubern und wässern. In der Zwischenzeit Wasser mit Salz, Lorbeerblättern, Pfefferkörnern, Nelken und einer kleinen Zwiebel aufkochen.

2. Das Kalbsbries in diesem Sud blanchieren und danach abschrecken, damit sich die Haut besser abziehen läßt.

3. Das Kalbsbries mit einem kleinen Messer enthäuten und alle dunklen Stellen entfernen. Möglichst große Stücke herausarbeiten. Das Bries würzen, in geklärter Butter von beiden Seiten anbraten und bis zur weiteren Verwendung kühl stellen.

4. Mit einem scharfen Messer das Kalbfleisch von Fett und Sehnen befreien.

5. ⅔ des Fleisches in etwas gröbere und den Rest in kleinere Würfel schneiden.

6. Das gröber gewürfelte Fleisch im Gefrierfach anfrosten. Das angefrostete Fleisch im Fleischwolf fein mahlen und nochmals in das Gefrierfach stellen.

7. Die restlichen Fleischwürfel mit wenig Cognac, Armagnac oder einem anderen milden Weinbrand marinieren. Mit Salz, Pfeffer und frisch geriebener Muskatnuß abschmecken. In der Zwischenzeit eine 1 Liter fassende Terrinenform mit kaltem Wasser ausspülen.

8. Die Terrinenform mit dem in sehr dünne Scheiben geschnittenen fetten Speck auslegen. In der Zwischenzeit die Sahne mit den Eiern verrühren und kühl stellen.

9. In einem Haushaltsmixer, je nach Größe des Gerätes, einen Teil oder das gesamte gewolfte Fleisch mixen, mit Salz, Pfeffer und Muskatnuß würzen. Achten Sie darauf, daß die Masse sehr kalt ist; stellen Sie die Produkte besser nochmals in den Gefrierschrank. Geben Sie nun die kalte Sahne-Ei-Masse hinzu und mixen das Ganze mehrmals auf. Wieviel Masse (Farce) Sie auf einmal herstellen können, richtet sich nach der Größe des Gerätes. Verarbeiten Sie die Produkte besser in kleineren Abständen, Sie erhalten eine wesentlich homogenere Masse. Wenn Sie kleinere Mengen der Farce herstellen, sammeln Sie alles in einer Schüssel und mischen gut durch.

10. Rühren Sie die restliche Sahne zu den feingemixten Farcen und schmecken diese Masse nochmals mit den Gewürzen ab.
Geben Sie die Kalbfleischwürfel (kalt) und die Pistazien in die Farce.

11. Füllen Sie die Terrinenform zur Hälfte auf und legen das Kalbsbries hinein, die restliche Farce einfüllen, mit dem überstehenden Speck verschließen. Zur Aromatisierung legen Sie einige Trockenkräuter obenauf und verschließen die Terrine mit dem Deckel.

12. Die mit dem Deckel verschlossene Terrinenform auf ein mit Wasser gefülltes Backblech oder in einen Gänsebräter setzen und in dem auf 200°C vorgewärmten und zu Beginn der Garzeit auf 175°C zurückgeschalteten Backofen etwa 60 Minuten backen. Lassen Sie die Terrine danach an einem luftigen Ort auskühlen, und stellen Sie sie dann über Nacht (mindestens 6 Stunden) in den Kühlschrank.

Der Gelee

Für 2 Pasteten
Zubereitungszeit ca. 3½ Std.
(ohne Kühlzeit)

100 g Suppengemüse
500 g Beinfleisch, gewolft
(Kalb oder Rind)
2 Eiweiß
zerstoßene Eiswürfel
Pfefferkörner, Nelken,
Lorbeerblätter
1 kg Kalbsfuß, zerkleinert
6 Blatt Gelatine

1. Suppengemüse, Beinfleisch und Eis mit den Gewürzen vermischen und kühl stellen.

2. Die Kalbsknochen unter fließendem Wasser klar waschen. Inzwischen 1 l leicht gesalzenes Wasser zum Kochen bringen und darin die Kalbsknochen blanchieren. Mit kaltem Wasser erneut aufsetzen und etwa 2 Stunden leicht kochen.

3. Den dabei auftretenden Schaum abschöpfen, da sie sonst schnell trüb wird. Wenn der gesamte Schaum entfernt ist, wird die Brühe gesiebt.

4. Mit einer Suppenkelle die Brühe durch ein Tuch schöpfen und auskühlen lassen.
5. Die kalte Brühe mit dem Fleisch und den Eiweißen mischen, erhitzen, etwa 1 Stunde ziehen lassen.

6. Die geklärte Brühe vorsichtig mit einer Schöpfkelle durch ein Tuch schöpfen. Sie sollten etwa ¾ l Brühe erhalten. Wenn mehr Flüssigkeit vorhanden ist, müssen Sie die Brühe auf die angegebene Menge reduzieren und mit wenig Salz leicht abschmecken.

7. Um die nötige Festigkeit des Gelees zu erhalten, muß meistens noch etwas Gelatine zugefügt werden. Die in kaltem Wasser eingeweichte Gelatine ausdrücken und in die noch warme Brühe geben, verrühren, eine Kühlprobe durchführen und bis zur weiteren Verwendung abkühlen lassen. Wird der Gelee fest, so können Sie ihn bei schwacher Hitze wieder flüssig machen.

LACHSPASTETE

Für 12–16 Portionen
Zubereitungszeit ca. 120 Min.
ca. 4500 kcal/18900 kJ

Mürbeteig (S. 8)
Senfsauce (S. 14)
1 kl. Lachs (ca. 1,5 kg)
300 ml süße Sahne
3 Eier
2 Bund Schnittlauch
Salz, Pfeffer
geriebene Muskatnuß
Cayennepfeffer
Butter
1 Eigelb

Gelee:
¼ l Weißwein
4 Blatt Gelatine
Salz, Cayennepfeffer

1. Der ausgenommene und gewaschene Fisch wird mit einem Filetiermesser zerlegt. Schneiden Sie mit dem Messer entlang der Rückengräte des Fisches und halbieren ihn so. Sauberkeit ist wichtig. Es ist gut, wenn Sie Ihr Messer, wegen der Schuppen, unter fließendem, kalten Wasser abwaschen.

2. Mit einer Haushaltspinzette geht das unbedingt wichtige Entgräten des Fischfilets sehr einfach. Spülen Sie den Fisch nochmals ab und legen ihn mit der Hautseite nach unten.

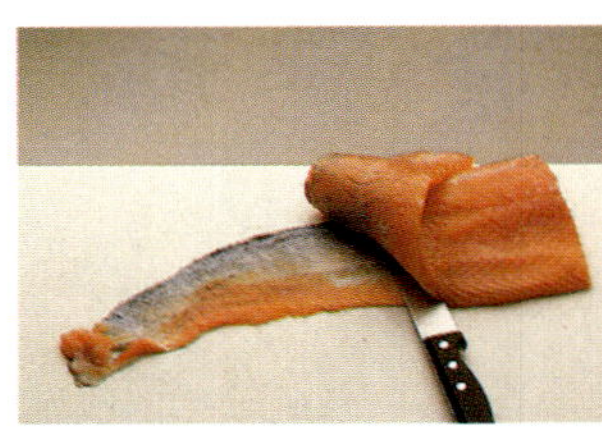

3. Danach schneiden Sie mit einem scharfen Filetiermesser am Schwanzende mit Druck auf die Haut hin ein und ziehen das Messer zwischen Haut und Filet durch. Halten Sie dabei die Haut des Fisches fest.

4. Das Filet in kleinere Stükke teilen, dabei einen schönen Streifen in Länge der Pastetenform aus dem dickeren Filetteil schneiden. Das große Stück kühl stellen, den Rest anfrosten.

5. Das angefrostete Lachsfleisch durch den Fleischwolf drehen und erneut kühl aufbewahren.

6. In der Zwischenzeit die Sahne mit den Eiern verquirlen und kühl stellen. Den Schnittlauch in feine Röllchen schneiden.

7. Nun, nach und nach, je nach Größe Ihres Haushaltsmixers das angefrostete Lachsfleisch mit Salz, Pfeffer und Muskat gewürzt, fein mixen. Die gekühlte Sahne-Ei-Masse in kleinen Abständen einmixen.

8. Alles in einer Schüssel sammeln und den Schnittlauch unterheben. Sie können in siedendem Wasser eine Probe machen, ob Festigkeit und Geschmack stimmen.

9. Den zuvor gefertigten Teig ausrollen und auf die Größe der Form zurecht schneiden.

10. Die Pastetenform mit wenig Butter einfetten. Den ausgerollten Teig in die Form legen und vorsichtig andrücken.

11. Die Lachsfarce gut verrühren und die Form zur Hälfte mit der Masse füllen. Das vorbereitete Lachsfilet einlegen und andrücken. Nun mit der restlichen Masse bedekken und den Teig sorgfältig darüberklappen.

12. Bepinseln Sie den Teigdeckel mit einem verrührten Eigelb. In der Zwischenzeit schneiden Sie sich ein kleines Stückchen Alufolie (10 x 5 cm) und wickeln es um den Stiel eines Kochlöffels. Mit Hilfe eines kleinen Ausstechers stechen Sie zwei kleine Kreise aus dem Teigdeckel, dort werden die Alu-Kamine hineingesetzt.

13. Falls Sie noch einen Teigrest übrig haben, können Sie Ornamente daraus herstellen und diese auf dem Teigdeckel mit etwas Eigelb befestigen.

14. Nun wird die Pastete im Backofen bei 200°C etwa 60 Min. gebacken, anschließend lassen Sie die Pastete auskühlen und stellen sie über Nacht, mindestens aber 6 Stunden, kühl.

15. Nach dem Auskühlen wird der vorbereitete Gelee über die Kaminlöcher eingefüllt. Bevor Sie die Pastete anschneiden, muß sie nochmals für mindestens zwei Stunden in den Kühlschrank gestellt werden.

16. Die Pastete in 2 cm dicke Scheiben schneiden und mit Blattsalat und Senfsauce servieren.

Kleine Saucenkunde

Himbeersauce

Für 12 Portionen
Zubereitungszeit ca. 20 Min.
ca. 700 kcal/2940 kJ

- *200 g Himbeeren*
- *150 g Gelierzucker*
- *1 kleine Zitrone*
- *2 EL Himbeergeist*

1. Die Himbeeren waschen, den Stielansatz entfernen und mit dem Zucker in einen kleinen Topf geben. Gut verrühren und 15 Minuten ziehen lassen.
2. Die Zitrone auspressen und den Saft zu den Himbeeren geben. Vorsichtig unter Rühren aufkochen und das Ganze etwa 3 Minuten kochen lassen. Zum Schluß den Himbeergeist unterrühren.
3. Bis zur weiteren Verwendung abkühlen lassen. Diese Sauce läßt sich sehr gut längere Zeit aufbewahren. Vor der Verwendung rühren Sie die Sauce gut auf, sollte sie zu fest sein, können Sie die Himbeersauce mit wenig Wasser verdünnen.

Kräuter-Sahne-Sauce

Für 12 Portionen
Zubereitungszeit ca. 25 Min.
ca. 1300 kcal/5460 kJ

- *1 Bund Schnittlauch*
- *1 Bund gemischte Kräuter*
- *200 ml süße Sahne*
- *200 ml Crème fraîche*
- *2 EL Olivenöl*
- *1 EL Zitronensaft*
- *Salz, Pfeffer*

1. Die Kräuter waschen. Den Schnittlauch in feine Röllchen schneiden, die übrigen Kräuter von den Stielen zupfen und die Blätter fein hakken.
2. Die Kräuter mit der Sahne und der Crème fraîche verrühren. Das Olivenöl und den Zitronensaft zugeben und mit Salz und Pfeffer abschmekken und alles gut verrühren.

Variation

Die Sauce wird kalorienärmer, wenn Sie an Stelle der Crème fraîche saure Sahne mit nur 10% Fett verwenden. Allerdings wird die Sauce flüssiger.

Senfsauce

Für 12 Portionen
Zubereitungszeit ca. 15 Min.
ca. 1200 kcal/5040 kJ

- *1 EL gestoßene Senfkörner*
- *3 EL Senf*
- *2 EL Weißweinessig*
- *1 EL Rapsöl*
- *200 ml süße Sahne*
- *200 ml Crème fraîche*
- *Salz, Pfeffer*

1. Die Senfkörner zerstoßen und mit den restlichen Zutaten glattrühren.
2. Mit Salz und Pfeffer abschmecken.

Hagebuttensauce

Für 12 Portionen
Zubereitungszeit ca. 15 Min.
ca. 1200 kcal/5040 kJ

- *200 g Hagebuttenmarmelade*
- *100 ml Sandornsirup*
- *wenig Portwein*
- *Salz, Pfeffer*

Alle Zutaten verrühren und mit Salz und Pfeffer abschmecken.

Orangensauce

Für 12 Portionen
Zubereitungszeit ca. 35 Min.
ca. 900 kcal/3780 kJ

6 Orangen
100 g Zucker
1 EL grüne Pfefferkörner

1. Mit einem Julienne-Reißer von 2 der Orangen die Schale abziehen, alle Orangen auspressen und den Saft mit Julienne langsam, sirupartig reduzieren lassen.
2. Den Zucker und die Pfefferkörner in die kochende Flüssigkeit geben. Den Zucker darin schmelzen, in eine Schüssel umgießen und bis zur weiteren Verwendung erkalten lassen.

Preiselbeersauce

Für 12 Portionen
Zubereitungszeit ca. 35 Min.
ca. 1000 kcal/4200 kJ

300 g Preiselbeeren
100 g Gelierzucker
2 EL Portwein
100 g Crème fraîche
Salz, Pfeffer

1. Die Preiselbeeren putzen, waschen, tropfnaß in einen Topf geben und mit dem Gelierzucker verrühren.
2. Auf kleiner Stufe aufkochen und auskühlen lassen und den Portwein zugeben.
3. Crème fraîche mit den Preiselbeeren verrühren und mit Salz und Pfeffer abschmecken.

Feinschmecker-Tip

Die hier vorgeschlagenen Saucen sind nur einige aus der großen Palette möglicher Geschmacksrichtungen. Die fruchtigen Varianten lassen sich auch aus anderem Obst zubereiten. Denken Sie daran, daß die Sauce eine Ergänzung zu Ihrer Pastete oder Terrine sein soll. Ist diese recht pikant gewürzt, sollten Sie eine Sauce mit einem feinen Aroma wählen. Im umgekehrten Fall harmoniert zur leicht gewürzten Pastete oder Terrine eine kräftiger abgeschmeckte Sauce, die jedoch nicht dominieren darf.

Genussvoll verhüllt: Delikates mit Fleisch

Terrinen und Pasteten sind ein Genuß für Auge und Gaumen, ob aus Wild, Geflügel oder anderen Fleischsorten. Sie sind immer eine willkommene und appetitanregende kalte Vorspeise. Auch als Imbiß zwischendurch bringen sie eine aparte Abwechslung.

(Perlhuhnterrine, Rezept S. 18)

Perlhuhn-terrine

Für 12–16 Portionen
Zubereitungszeit ca. 120 Min.
ca. 6000 kcal/25200 kJ

2 Perlhühner
2 cl Portwein
200 g fette Speckscheiben
300 ml süße Sahne
3 Eier
2 EL rosa Pfefferkörner
Salz, Pfeffer, Muskatnuß

1. Die Perlhühner auslösen, das Fleisch von den Knochen schneiden und möglichst alle Sehnen entfernen. Eine Brusthälfte und das Beinfleisch anfrosten.
2. Das übrige Brustfleisch in Würfel schneiden, würzen, mit dem Portwein vermischen und kühl stellen.
3. Eine Terrinenform mit den Speckscheiben auslegen.
Die Sahne mit den Eiern verquirlen und kühl stellen.
4. Das angefrostete Fleisch im Fleischwolf zerkleinern, würzen und kühlen, im Mixer mit der eiskalten Sahne-Ei-Masse fein pürieren.
5. Die Fleischstücke und die Pfefferkörner unterheben und abschmecken. Die Farce in die Terrine geben, mit dem Speck bedecken und im auf 200°C vorgeheizten Ofen bei 175°C etwa 60 Minuten garen. Anschließend auskühlen lassen und mit einem Messer den Rand lösen und stürzen.
(auf dem Foto S. 16)

Wildschwein-terrine mit Kalbsbries und Pistazien

Für 12–16 Portionen
Zubereitungszeit ca. 120 Min.
ca. 6000 kcal/25200 kJ

500 g Kalbsbries
1 kleine Zwiebel, Nelken, Lorbeerblätter, Pfeffer
geklärte Butter
700 g Wildschweinfleisch aus der Keule
2 cl Weinbrand
200 g fette Speckscheiben
300 ml süße Sahne
3 Eier
75 g Pistazienkerne
Salz, Pfeffer
geriebene Muskatnuß

Für die Aprikosensauce:
750 g Aprikosen
150 g Gelierzucker
5 cl Aprikosenlikör

1. Das Kalbsbries unter fließendem Wasser säubern und wässern.
2. Zwiebel und die Gewürze in reichlich leicht gesalzenem Wasser aufkochen, darin das Kalbsbries blanchieren, abschrecken und die Haut abziehen.
3. Das Kalbsbries würzen und von beiden Seiten in geklärter Butter anbraten und bis zur weiteren Verwendung kühl stellen.
4. Das Wildschweinfleisch von Fett und Sehnen befreien, ⅔ davon in gröbere Stükke schneiden, anfrosten und dann durch den Fleischwolf drehen. Das restliche Fleisch etwas feiner schneiden, würzen und mit dem Weinbrand aromatisieren.
5. Eine 1 l fassende Terrinenform mit den Speckscheiben auslegen.
Die Sahne mit den Eiern verrühren und kühl stellen.
6. Das gemahlene Fleisch in einem Mixer mit der kalten Sahne-Ei-Masse aufmixen, mit Salz, Pfeffer und Muskatnuß abschmecken.
Die leicht marinierten Wildschweinwürfel werden mit den Pistazien unter diese Masse gehoben.
7. Die Hälfte der Farce in die Terrinenform geben, das angebratene Kalbsbries einlegen und mit der restlichen Farce auffüllen.
8. Mit dem Speck bedekken, nach Belieben einige Trockenkräuter auf den Speck legen, mit dem Deckel verschließen und im Wasserbad bei 175°C etwa 60 Minuten garen.
9. Anschließend die Terrine auskühlen lassen, mit einem Messer am Rand entlang fahren, heißes Wasser über den Boden der Form laufen lassen und auf ein Brett stürzen. Bis zum Anschneiden kühl stellen.
10. Nach Anleitung des Rezeptes „Himbeersauce" S. 14 aus den Aprikosen eine Sauce zubereiten und zur Terrine servieren.
(auf dem Foto rechts)

Geflügelleber-terrine

Für 12–16 Portionen
Zubereitungszeit ca. 120 Min.
ca. 4350 kcal/18270 kJ

Himbeersauce (S. 14)
1 kg Geflügelleber
300 ml süße Sahne
1 TL Thymianspitzen
3 Eier
2 cl Armagnac
200 g fette Speckscheiben
Salz, Pfeffer
geriebene Muskatnuß

1. Die Geflügelleber säubern und von Sehnen befreien. Die Sahne mit dem Thymian und den Eiern verquirlen und kalt stellen.
2. 250 g der Leber würzen und mit dem Armagnac vermischen.
3. Die restliche Leber gut gekühlt im Mixer fein pürieren. Mit der Sahne-Ei-Masse vermischen und zuletzt abschmecken.
4. Eine Terrinenform mit den Speckscheiben auslegen. Die Farce in die Form gießen und die marinierte Geflügelleber hineingeben, den Speck darüber zusammenfalten, mit dem Deckel verschließen.
5. Im Wasserbad bei 175°C etwa 60 Minuten garen und auskühlen lassen. Reichen Sie dazu einen frischen Blattsalat.
(auf dem Foto: oben)

Hasenpastete

Für 12–16 Portionen
Zubereitungszeit ca. 120 Min.
ca. 5000 kcal/21000 kJ

Schmalzteig (S. 8)
1/4 l Gelee (S. 11)
Preiselbeersauce (S. 15)
1 Hasenrücken
2 Paar Hasenhinterläufe
100 g geräucherter Speck
50 g fette Speckscheiben
50 g Pinienkerne
300 ml süße Sahne
3 Eier
Salz, Pfeffer
geriebene Muskatnuß
1 Eigelb
wenig Butter

1. Bereiten Sie zunächst den Schmalzteig und die Preiselbeersauce zu.
2. Den Hasenrücken und die Läufe auslösen, achten Sie darauf, daß das Hasenrückenfilet ganz bleibt.
3. Das gesäuberte Hasenrückenfilet würzen und auf beiden Seiten sehr kurz anbraten. Sobald es ausgekühlt ist, wird es mit den fetten Speckscheiben umgewikkelt und kalt gestellt. Das übrige Fleisch anfrosten und wolfen.
4. In der Zwischenzeit die Sahne mit den Eiern verrühren und kalt stellen. Das angefrostete Fleisch im Mixer fein pürieren, abschmecken und nach und nach die Sahne-Ei-Mischung einmixen. Nochmals würzen.
5. Den geräucherten Speck in Streifen oder Würfel schneiden und unter die Farce mischen. Die Pinienkerne unterheben und kühl stellen.
6. Den Teig ausrollen und die gebutterte Pastetenform damit auslegen. Die Farce zu 2/3 in die Form füllen und das vorbereitete Hasenfilet einlegen. Mit der restlichen Farce bedecken.
7. Nun den überstehenden Teigrand darüberklappen, Kaminlöcher ausschneiden und die Alu-Kamine einsetzen. Mit dem Restteig Ornamente herstellen und auf den mit Eigelb bepinselten Teigdeckel legen.
8. Bei 175°C etwa 60 Minuten im Ofen backen, erkalten lassen und mit dem Gelee füllen. Die Pastete aus der Form nehmen und in fingerdicke Stücke schneiden.
9. Eichenlaubsalat mit einer einfachen Essig-Öl-Vinaigrette paßt sehr gut dazu. Richten Sie die Pastete mit der Sauce und dem Salat auf einem Teller an.
(auf dem Foto: unten)

Kaninchen-terrine

Für 12–16 Portionen
Zubereitungszeit ca. 120 Min.
ca. 6800 kcal/28560 kJ

Preiselbeersauce (S. 15)
200 g fette Speckscheiben
2 Kaninchenrücken
3 Paar Kaninchenkeulen
300 ml süße Sahne
3 Eier
2 cl trockenen Sherry
75 g Pistazien
Salz, Pfeffer
geriebene Muskatnuß

1. Eine Terrinenform mit dem Speck auslegen. Die Kaninchenrückenfilets und die Keulen auslösen, von Fett und Sehnen befreien.
2. Das Keulenfleisch anfrosten und anschließend im Fleischwolf mahlen. Die Rükkenfilets würzen, kurz anbraten und kalt stellen.
3. Die Sahne mit den Eiern verrühren. Das angefrostete Fleisch in einem Mixer fein pürieren, mit Pfeffer, Salz, Muskat und Sherry abschmecken. Alles mit der Sahne-Ei-Masse aufmixen. Die Pistazien in die Farce geben, die Form zur Hälfte füllen.
4. Die Rückenfilets einlegen, andrücken, die restliche Farce hineingeben. Den Speck darüberklappen. Mit dem Deckel verschließen.
5. Die Terrine bei 175°C etwa 60 Minuten im Wasserbad garen, erkalten lassen.
(auf dem Foto oben)

Rehpastete

Für 12–16 Portionen
Zubereitungszeit ca. 120 Min.
ca. 7000 kcal/29400 kJ

Mürbeteig (S. 8)
¼ l Gelee (S. 11)
Himbeersauce (S. 14)
1 kleiner Rehrücken
100 g rohe Schinkenscheiben
750 g Rehfleisch
aus der Keule
300 ml süße Sahne
3 Eier
Salz, Pfeffer, Muskat
2 cl Cognac
100 g Haselnüsse
1 Eigelb

1. Bereiten Sie zunächst den Mürbeteig, den Gelee und die Himbeersauce zu.
2. Den Rehrücken vorsichtig auslösen und sauber von Fett und Sehnen befreien. Die Rehrückenfilets, die der Größe der Pastetenform entsprechen sollten, zurechtschneiden, würzen und auf beiden Seiten rasch anbraten und anschließend auskühlen lassen.
3. Die Rehrückenfilets mit dem Schinken umwickeln. Das übrige Rehfleisch von Fett und Sehnen befreien, anfrosten, durch den Fleischwolf drehen und erneut kühl stellen.
4. Die Sahne mit den Eiern verquirlen und kalt stellen. Das gemahlene Fleisch in einem Haushaltsmixer fein pürieren, mit Gewürzen und Cognac abschmecken.
5. Nach und nach die Sahne-Ei-Masse einmixen, nochmals abschmecken und die Haselnüsse unterheben.
6. Die Pastetenform mit dem ausgerollten und zugeschnittenen Teig auslegen, ⅓ der Farce in die Form füllen, das vorbereitete Rehrückenfilet hineingeben und andrücken. Mit der restlichen Farce bedecken.
7. Den überstehenden Teig darüberklappen, mit noch vorhandenem Teig Ornamente auf den Teigdeckel legen und mit Eigelb bepinseln. Kaminlöcher ausstechen und Alu-Kamine hineinstecken.
8. Die Pastete bei 175°C etwa 60 Minuten im Backofen backen. Nach dem Auskühlen mit dem Gelee füllen und auskühlen lassen. In fingerdicke Scheiben schneiden, mit der Sauce und einem Rotkohlsalat anrichten.
(auf dem Foto unten)

Feinschmecker-Tip

Anstelle des selbstgemachten Gelees nehmen Sie ¼ l Portwein, würzen diesen mit Cayennepfeffer und wenig Salz und festigen die Flüssigkeit mit 4 Blatt Gelatine.

Lammpastete

Für 12–16 Portionen
Zubereitungszeit ca. 120 Min.
ca. 6000 kcal/25200 kJ

Hefeteig (S. 8)
¼ l Gelee (S. 11)
Senfsauce (S. 14)

1 kg Lammfleisch aus der Keule
100 g schwarze Oliven
300 ml süße Sahne
3 Eier
2 cl Armagnac
12 weiche Dörrpflaumen
50 g Pistazienkerne
Salz, Pfeffer
geriebene Muskatnuß
1 Eigelb

1. Bereiten Sie zunächst den Hefeteig, den Gelee und die Senfsauce zu.

2. Das Lammfleisch von Fett und Sehnen befreien, in grobe Würfel schneiden. ⅓ der Fleischwürfel würzen, rasch anbraten und erkalten lassen. Das restliche Fleisch anfrosten.

3. Die Oliven entkernen und halbieren.
Die Sahne mit den Eiern vermischen und kalt stellen.
Den Armagnac mit den Dörrpflaumen vermischen und ziehen lassen.

4. Das angefrostete Fleisch durch die feine Scheibe des Fleischwolfes drehen und mit der Sahne-Ei-Masse nach und nach vermixen. Mit Salz, Pfeffer und frisch geriebener Muskatnuß abschmecken.

5. Die Fleischwürfel, Dörrpflaumen, Oliven und Pistazien unter die Farce heben.

6. Den Teig ausrollen und eine Pastetenform damit auslegen.
Die Farce einfüllen, glattstreichen und den überstehenden Teig darüber zusammenfalten.

7. Mit übrigem Teig Ornamente zuschneiden und die Pastete damit belegen und mit Eigelb bestreichen.
Kaminlöcher ausschneiden und Alu-Kamine in die Löcher stecken.

8. Die Pastete in dem auf 175°C vorgeheizten Backofen etwa 60 Minuten bakken und auskühlen lassen. In die kalte Pastete den Gelee einfüllen und nochmals mindestens 2 Stunden kühlen.

9. Mit Blattsalat (Lollo rosso), Senfsauce und aus eventuell übrigem Gelee gehackten Würfeln auf Tellern anrichten.
(auf dem Foto: oben)

Feinschmecker-Tip

Um weiche Dörrpflaumen zu erhalten, können Sie die Früchte über Nacht in ein wenig Wasser einweichen. Es werden im Handel auch nicht vollständig getrocknete, noch weiche Pflaumen angeboten.

Maispoularden-terrine

Für 12–16 Portionen
Zubereitungszeit ca. 120 Min.
ca. 5000 kcal/21000 kJ

Himbeersauce (S. 14)

2 Maispoularden
200 g Schinkenspeckscheiben
300 ml süße Sahne
3 Eier
2 EL grüner Pfeffer
50 g getrocknete chinesische Pilze
50 g gehackte Dörraprikosen

1. Die Poularden auslösen, von Fett, Haut und Sehnen befreien. Davon zwei Brüste würzen und anbraten. Das restliche Fleisch anfrosten, durch den Fleischwolf drehen und fein mixen.

2. Sahne und Eier verrühren. Den Schinkenspeck in die Terrinenform legen.
Pilze in warmem Wasser einweichen und fein schneiden.

3. Das angefrostete Fleisch mit der Sahne-Ei-Masse vermixen und würzen. Mit Pfeffer, Pilzen und Aprikosen vermischen. Die Form zur Hälfte füllen, die Brust einlegen, mit der restlichen Masse bedekken. Den Schinkenspeck darüberfalten.

4. Die Terrine im Wasserbad im Backofen bei 175°C garen, erkalten lassen und später stürzen.
Mit Friséesalat, der Sauce und eventuell einigen in feine Streifen geschnittenen Aprikosen anrichten.
(auf dem Foto: unten)

Barberieenten-terrine

Für 12–16 Portionen
Zubereitungszeit ca. 120 Min.
ca. 7500 kcal/31500 kJ

Orangensauce (S. 15)

2 Barberieenten
3 cl Cognac
200 g fette Speckscheiben
50 g getrocknete chinesische Pilze
300 ml süße Sahne
3 Eier
Salz, Pfeffer, Muskatnuß

1. Bereiten Sie zunächst die Orangensauce zu. Anschließend die Enten auslösen, von Fett, Haut und Sehnen befreien. Zwei Entenbrüste würzen, rasch anbraten und erkalten lassen.
Das übrige Entenfleisch anfrosten und durch den Fleischwolf drehen.
2. Sahne und Eier verrühren. Die Pilze einweichen und in feine Streifen schneiden. Das gemixte Fleisch mit der Sahne-Ei-Masse fein pürieren, würzen und mit Cognac abschmecken, die Pilze unterheben.
3. Die Form mit dem Speck auslegen und die Farce zur Hälfte einfüllen, die Brüste einlegen, andrücken, mit der restlichen Farce bedecken und den überstehenden Speck darauflegen.
4. Die Form verschließen, im Wasserbad im Backofen bei 175°C 60 Minuten garen und erkalten lassen.
(auf dem Foto: oben)

Wildschwein-terrine

Für 12–16 Portionen
Zubereitungszeit ca. 120 Min.
ca. 6500 kcal/27300 kJ

Hagebuttensauce (S. 15)

1 kg Wildschweinfleisch aus der Keule
200 g fette Speckscheiben
300 ml süße Sahne
3 Eier
2 cl Marsala
75 g Walnüsse
Salz, Pfeffer, Muskatnuß

1. Bereiten Sie zunächst die Hagebuttensauce zu. Das Wildschweinfleisch von Fett und Sehnen befreien, in Würfel schneiden. ¼ der Würfel würzen, mit den Walnüssen und dem Cognac vermischen und ziehen lassen.
2. Das übrige Fleisch anfrosten und durch einen Fleischwolf drehen. Sahne und Eier verrühren, mit dem kalten, gemahlenen Fleisch vermixen und würzen.
3. Eine Form mit dem Speck auslegen, mit der Farce füllen und den Speck darüber zusammenklappen.
Die Terrine mit dem Deckel verschließen und im Wasserbad im Ofen bei 175°C etwa 60 Minuten garen, auskühlen lassen und stürzen.
4. Ein Selleriesalat aus rohem Sellerie, wenig Zitronensaft und Olivenöl paßt gut dazu. Die Terrine in Scheiben schneiden, mit Salat und Sauce anrichten.
(auf dem Foto: unten)

Geflügel im Gelee

Für 12 Portionen
Zubereitungszeit ca. 180 Min.
ca. 4500 kcal/18900 kJ

Gelee (S. 11)
Hagebuttensauce (S. 15)
100 ml Portwein
1 Suppenhuhn
Pfefferkörner
1 Bund Suppengemüse
1 kleine grüne Paprika
1 kleine rote Paprika
2 Frühlingszwiebeln mit Grün
Salz
Pfeffer

1. Bereiten Sie zunächst den Gelee und die Hagebuttensauce zu. Die Hälfte des flüssigen Gelees mit dem Portwein verrühren.
2. Das Suppenhuhn unter fließendem Wasser sorgfältig waschen. Das Huhn kurz blanchieren und mit kaltem, leicht gesalzenem Wasser aufsetzen. Wenn das Wasser zu kochen beginnt, die Hitze zurücknehmen und Pfefferkörner und das gewaschene Suppengemüse nach 60 Minuten zugeben. Nochmals 60 Minuten bei kleiner Flamme garen.
3. In der Zwischenzeit das übrige Gemüse waschen und in Würfel schneiden. Getrennt in leicht gesalzenem Wasser blanchieren, mit kaltem Wasser abschrecken und abtropfen lassen.
4. Das Fleisch vom Suppenhuhn zupfen und in Stücke schneiden.
5. Die beiden Gelees nochmals abschmecken und mit einer kleinen Probe im Kühlschrank prüfen, ob der Gelee fest wird und eventuell noch etwas Gelatine zufügen.
6. Eine (Rehrücken-)Form mit der Hälfte des Portweingelees füllen. ⅓ des blanchierten Gemüses und des Huhnfleisches hineinlegen. Im Kühlschrank erstarren lassen.
7. Das helle Gelee auf den Portweingelee in die Form füllen und das zweite Drittel vom Gemüse und Fleisch hineingeben und erstarren lassen.
8. Mit dem übrigen Portweingelee, Gemüse und Fleisch ebenso verfahren. Danach mindestens noch 2 Stunden auskühlen lassen. Heißes Wasser über die Form laufen lassen, stürzen und bis zur weiteren Verwendung kalt stellen.
9. Einen Eisbergsalat zubereiten, zusammen mit der Sauce auf Tellern anrichten und je zwei fingerdicke Scheiben des Gelees dazulegen.
(auf dem Foto oben)

Bechersülze

Für 12 Portionen
Zubereitungszeit ca. 180 Min.
ca. 4000 kcal/16800 kJ

Gelee (S. 11)
1 Maispoularde
einige Lorbeerblätter
3 Karotten
1 grüne Paprika
1 rote Paprika
1 kleine Kohlrabi

1. Bereiten Sie zunächst den Gelee zu. Anschließend die Poularde auslösen und die Haut abziehen.
Das Poulardenfleisch in leicht gesalzenem Wasser mit den Lorbeerblättern etwa 20 Minuten garziehen lassen und in Stücke schneiden.
2. Das Gemüse waschen, schälen und bis auf zwei Karotten, die in Scheibchen geschnitten werden, in Würfel schneiden. In leicht gesalzenem Wasser blanchieren, abschrecken und abtropfen lassen.
3. Den Gelee abschmecken und kleine Timbalförmchen damit zur Hälfte füllen. Gemüse und das Fleisch hineingeben. Im Kühlschrank etwa 2 Stunden erkalten lassen. Vor dem Anrichten die Förmchen mit heißem Wasser übergießen, stürzen und nochmals kühl stellen.
4. Aus dem restlichen Gemüse einen Salat bereiten und die Bechersülze damit anrichten.
(auf dem Foto unten)

Zart und edel: Genuss mit Meeres-früchten

Das edle Aroma von Fisch und anderen Meeresfrüchten bereichert die Terrinen- und Pastetenküche um viele außergewöhnliche Delikatessen. Das folgende Kapitel lädt Sie ein, diese Köstlichkeiten einmal näher kennenzulernen.

(Terrine von Seezunge und Langustinen, Rezept S. 32)

Terrine von Seezunge und Langustinen

Für 12–16 Portionen
Zubereitungszeit ca. 120 Min.
ca. 3000 kcal/12600 kJ

Kräutersauce (S. 14)
500 g Zanderfilet
12 Seezungenfilets
(von 3 Seezungen)
10 Langustinen
300 ml süße Sahne
3 Eier
Salz, Pfeffer
geriebene Muskatnuß
Cayennepfeffer
Butter

1. Das Zanderfilet gut gekühlt mit dem Fleischwolf zerkleinern. Anschließend im Gefrierer anfrosten.
2. Die Seezungenfilets einzeln in ein Stück Alufolie legen und mit der flachen Seite eines Fleischklopfers leicht flachklopfen und kalt stellen.
3. Dann die Langustinenschwänze von dem Oberteil abdrehen. Um das Schwanzfleisch herauszunehmen, müssen Sie den Panzer seitlich am Langustinenschwanz eindrücken und die Schale abschälen. Mit einem kleinen Messer schneiden Sie dann am Schwanzende ein und entfernen den dunklen Darm. Kurz unter fließendem, kaltem Wasser abspülen und in den Kühlschrank stellen.
4. Die Sahne mit den Eiern aufmixen und kalt stellen. Das gewolfte Zanderfilet in einer Küchenmaschine fein pürieren, mit den Gewürzen abschmecken und nach und nach die Sahne-Ei-Masse einmixen, eventuell nochmals abschmecken.
5. Eine Terrinenform mit wenig Butter einfetten. ⅓ der Farce einfüllen. Damit die Terrinenform gleichmäßig gefüllt ist, klopfen Sie die Form auf die Arbeitsfläche. Nun werden die Seezungenfilets leicht überlappend auf die Farce gelegt und mit den Fingerrücken oder einem Löffel angedrückt.
6. Anschließend einige Eßlöffel der Farce darüber verteilen und die sauberen Langustinen nacheinander in zwei Reihen einlegen. Mit der restlichen Farce bedecken, glattstreichen und die am Rand überhängenden Seezungenfilets zusammenklappen.
Die Form nochmals auf eine Arbeitsfläche klopfen und mit einem gebutterten Deckel oder Alufolie verschließen.
7. Die Terrine im Wasserbad bei 180°C etwa 60 Minuten garen, auskühlen lassen und bis zum Anschneiden mindestens 6 Stunden kühlen.
8. Die Terrinenscheiben mit Blattsalat und der Kräutersauce anrichten.
(auf dem Foto S. 30)

Hechtterrine mit Lauch und Lachs

Für 12–16 Portionen
Zubereitungszeit ca. 120 Min.
ca. 2800 kcal/11760 kJ

600 g Hechtfilet
300 ml süße Sahne
3 Eier
1 kleines Briefchen
gemahlenen Safran
150 g Lauch, in Streifen
200 g Lachsfilet
Salz, Pfeffer
geriebene Muskatnuß
Cayennepfeffer
Butter

1. Das Hechtfleisch durch den Fleischwolf drehen und anfrosten. Die Sahne mit den Eiern und dem Safran verquirlen und kaltstellen.
2. Das Hechtfleisch in einem Haushaltsmixer fein pürieren und mit den Gewürzen abschmecken. Die Sahne-Ei-Masse einmixen.
3. Eine Terrinenform mit Butter einfetten. ⅓ der Farce einfüllen, das Lachsfilet einlegen, mit Farce bestreichen. Den Lauch blanchieren und mit der restlichen Farce einfüllen. Die Form klopfen und mit einem Deckel oder Alufolie verschließen.
4. Die Terrine im Wasserbad bei 180°C etwa 60 Minuten garen. Nach dem Abkühlen 6 Stunden kalt stellen.
5. Die Terrinenscheiben mit geröstetem Brot und Kräutersauce servieren.
(auf dem Foto rechts)

Zander im Teigmantel

Für 6 Portionen
Zubereitungszeit ca. 90 Min.
ca. 2500 kcal/10500 kJ

Hefeteig (S. 8)
900 g Zanderfilet
200 ml süße Sahne
2 Eier
100 g Karotten, in Streifen
Salz, Pfeffer, Muskatnuß
1 Eigelb
wenig Butter

1. 600 g Zanderfilet durch den Fleischwolf drehen und anfrosten. Das restliche Filet kalt stellen.
Die Sahne mit den Eiern verquirlen und kalt stellen.
2. Das angefrostete Fleisch in einem Mixer fein pürieren und in kleineren Abständen die Sahne-Ei-Masse einmixen. Mit den Gewürzen abschmecken.
3. Den Teig ausrollen und die Farce so auftragen, daß noch ein 3 cm breiter Rand frei bleibt. Karottenstreifen blanchieren und das restliche Zanderfleisch darauf verteilen.
4. Die Ränder mit Eigelb bestreichen. Den Teig über die Farce klappen und zusammenrollen, mit dem restlichen Eigelb bestreichen. Die Pastete bei 180°C auf einem gebutterten Blech etwa 45 Minuten backen.
5. Mit Blattsalat und einer Kräutersauce servieren.
(auf dem Foto: oben)

Fischkuchen

Für 12–16 Portionen
Zubereitungszeit ca. 120 Min.
ca. 3500 kcal/14700 kJ

Wasserteig (S. 8)
700 g Hecht-
oder Zanderfilet
300 ml süße Sahne
3 Eier
200 g gewürfeltes Lachsfilet
Salz, Pfeffer, Muskatnuß
Cayennepfeffer
Butter

1. Das Fischfilet durch den Fleischwolf drehen und anfrosten. Die Sahne mit den Eiern verquirlen.
2. Das zerkleinerte Fischfilet in einem Mixer fein pürieren, nach und nach die Sahne-Ei-Masse einmixen und mit Gewürzen abschmecken.
3. Die Farce in einer Schüssel sammeln und das gewürfelte Lachsfilet unterheben.
4. Den Teig auf einer bemehlten Arbeitsfläche ausrollen. Eine Rehrückenform einfetten und den ausgerollten Teig überlappend hineinlegen. Die Farce einfüllen, mit dem Teig verschließen.
5. Die Form in Alufolie einwickeln und im Backofen bei 180°C 60 Minuten backen. Anschließend mehrere Stunden auskühlen lassen. Eine Kaperncreme, die wie die Kräutersauce (S. 14), jedoch ohne Kräuter mit weniger Sahne und Kapern zubereitet wird, paßt gut dazu.
(auf dem Foto: unten)

Aalpastete

Für 12–16 Portionen
Zubereitungszeit ca. 120 Min.
ca. 6000 kcal/25200 kJ

Hefeteig (S. 8)
700 g Zanderfilet
300 ml süße Sahne
3 Eier
1 Räucheraal (ca. 450 g)
1 Bund feingeschnittener Dill
Salz, Pfeffer, Muskatnuß
Butter

1. Das Fischfilet durch den Fleischwolf drehen und anfrosten. Die Sahne mit den Eiern verquirlen und kühlen.
2. Den Räucheraal filetieren und die Haut abziehen. Zwei der Größe der Pastetenform entsprechende Streifen aufbewahren, den Rest würfeln.
3. Das Zanderfilet in einem Mixer fein pürieren und mit der Sahne-Ei-Masse aufmixen, abschmecken. In die eine Hälfte den Dill, in die andere die Aalwürfel geben und unterrühren.
4. Eine gebutterte Pastetenform mit dem Teig auskleiden. Wenig der Dillfarce hineinstreichen und die Aalfilets einlegen. Mit der Dillfarce auffüllen und mit der zweiten Farce bedecken.
5. Den Teigmantel darüber zusammenfalten und mit Eigelb bestreichen. Im Backofen bei 180°C etwa 60 Minuten backen und auskühlen lassen. Dazu paßt ein Lauch-Schnittlauch-Salat.
(auf dem Foto oben)

Lachsforellenpastete mit Senfsauce

Für 12–16 Portionen
Zubereitungszeit ca. 120 Min.
ca. 4500 kcal/18900 kJ

Mürbeteig (S. 8)
Senfsauce (S. 14)
1 kleine Lachsforelle
(ca. 1,5 kg)
300 ml süße Sahne
3 Eier
1 Bund Frühlingslauch
Salz, Pfeffer, Muskatnuß
Cayennepfeffer
Butter
1 Eigelb

Gelee:
¼ l Weißwein
4 Blatt Gelatine
Salz, Cayennepfeffer

1. Den Fisch waschen und filetieren. Die Seitengräten mit einer Pinzette entfernen und nochmals unter kaltem Wasser abspülen. Legen Sie die Filets auf die Hautseite und lösen mit einem scharfen Messer die Filets von der Haut.
2. Von einem Filet einen schönen Streifen schneiden und den Rest in kleinere Stücke teilen. Das größere Filet stellen Sie kühl und den Rest frosten Sie im Gefrierfach an.
3. Das angefrostete Lachsforellenfleisch durch den Fleischwolf drehen und kühl stellen. Die Sahne mit den Eiern verrühren und kalt stellen. Nun das Grüne vom Frühlingslauch in feine Röllchen schneiden.
4. Das angefrostete Lachsforellenfleisch würzen und im Mixer fein pürieren. In kleinen Mengen die Sahne-Ei-Masse einmixen. Alles in einer Schüssel sammeln und den Frühlingslauch unterheben.
5. Den Teig ausrollen und die ausgebutterte Pastetenform damit auslegen.
Nun die Hälfte der Farce in die Form geben und das ganze Lachsforellenfilet hineinlegen. Die restliche Farce einfüllen und den überstehenden Teig darüberklappen. Mit Teigornamenten verzieren und mit Eigelb bestreichen.
6. Stechen Sie zwei kleine Kreise aus dem Teigdeckel aus, dort werden die zwei Alu-Kamine hineingesetzt.
Nun wird die Pastete etwa 60 Minuten bei 180°C im Backofen gebacken.
7. In der Zwischenzeit bereiten Sie aus den angegebenen Zutaten einen Gelee. Nach dem Auskühlen wird der Gelee eingefüllt und die Pastete nochmals für 2 Stunden in den Kühlschrank gestellt.
8. Die Pastete mit feingeschnittenem Blattsalat und Senfsauce anrichten.
(auf dem Foto unten)

Fischterrine mit Kräutern

Für 12–16 Portionen
Zubereitungszeit ca. 120 Min.
ca. 2800 kcal/11760 kJ

900 g Hecht-
oder Zanderfilet
300 ml süße Sahne
3 Eier
2 Bund gemischte Kräuter
(Petersilie, Kerbel,
Basilikum, Estragon, Dill)
Salz, Pfeffer
geriebene Muskatnuß
Cayennepfeffer
Butter

1. Das Fischfilet durch den Fleischwolf drehen und anfrosten. Die Sahne mit den Eiern vermischen und kühlen. Die Kräuter waschen, putzen und fein schneiden.
2. Das angefrostete Fischfilet in einem Mixer fein pürieren. In kleinen Mengen die Sahne-Ei-Masse einmixen und mit den Gewürzen abschmecken.
3. Eine Terrinenform ausbuttern, die Farce einfüllen und mit einem Deckel oder Alufolie verschließen. Im Wasserbad bei etwa 180°C 60 Minuten garen. Vor dem Servieren mehrere Stunden kalt stellen.
4. Reichen Sie dazu eine Safransauce. Sie wird zubereitet wie die Senfsauce (S. 14), jedoch anstatt des Senfs fügen Sie ein wenig Safranpulver zu.
(auf dem Foto: oben)

Terrine mit Jacobsmuscheln

Für 12–16 Portionen
Zubereitungszeit ca. 120 Min.
ca. 2600 kcal/10920 kJ

Kräutersauce (S. 14)
500 g Zanderfilet
400 g Jacobsmuscheln
300 ml süße Sahne
3 Eier
Salz, Pfeffer
geriebene Muskatnuß
Cayennepfeffer
Butter

1. Das Zanderfilet durch den Fleischwolf drehen und anfrosten.
Den orangefarbenen Rogen der Jacobsmuscheln abschneiden, beide Teile säubern und kalt stellen.
Die Sahne mit den Eiern verquirlen und kalt stellen.
2. Das angefrostete Zanderfilet in einem Mixer fein pürieren. Nach und nach etwa ⅔ der Sahne-Ei-Masse einmixen, mit Salz, Pfeffer, Muskatnuß und Cayennepfeffer abschmecken. Die Masse extra aufheben.
3. ⅔ des Rogens im Mixer fein pürieren und den Rest der Sahne-Ei-Masse einmixen und mit den Gewürzen abschmecken.
4. Eine Terrinenform mit wenig Butter einfetten. Die Zanderfarce bis zu einem Drittel der Terrinenform einfüllen und die restlichen Rogen der Jacobsmuscheln hineinlegen. Die Form leicht auf die Arbeitsfläche klopfen, damit sich die Farce gleichmäßig verteilen kann.
5. Mit der übrigen Zandermasse bedecken und das Muschelfleisch in einer Reihe hineinlegen. Mit der Rogenfarce bedecken, glattstreichen und nochmals aufklopfen.
6. Die Terrinenform mit einem gebutterten Deckel oder Alufolie verschließen. Im Wasserbad im Backofen bei etwa 180°C 60 Minuten garen.
Im Wasserbad auskühlen lassen und mindestens 6 Stunden in den Kühlschrank stellen.
7. Nach dem Stürzen die Terrine mit einem in heißes Wasser getauchten Messer in etwa 2 cm dicke Scheiben schneiden und mit der Kräutersauce und eventuell frischen Kräutern anrichten.
(auf dem Foto: unten)

Leicht und bunt: Schmackhaftes mit Gemüse

Terrinen von Fleisch und Fisch sind Ihnen nun schon vertraut. Selbstverständlich können wir diese feinen Köstlichkeiten auch „vegetarisch“ auf den Tisch des Feinschmeckers bringen. Sie sind leichter als ihre Verwandten aus Fleisch und eine ideale Vorspeise für „fülligere“ Menüs.

(Terrine von dreierlei Paprika, Rezept S. 42)

Terrine von dreierlei Paprika

Für 12–16 Portionen
Zubereitungszeit ca. 90 Min.
ca. 2500 kcal/10500 kJ

1000 g rote, grüne und gelbe Paprika
Salz, Pfeffer
12 Blatt Gelatine
1 Bund Schnittlauch
600 ml süße Sahne
1 Briefchen Safranfäden
Salz, Pfeffer
geriebene Muskatnuß
Cayennepfeffer

1. Die Paprika getrennt weichkochen, erkalten lassen und auch nacheinander in einem Mixer fein pürieren. Einzeln durch ein Sieb streichen und mit den Gewürzen fein abschmecken.
2. Die Gelatine in kaltem Wasser einweichen. Den Schnittlauch in feine Röllchen schneiden und 500 ml der Sahne steif schlagen. Die ausgedrückte Gelatine in etwa 8 Eßlöffeln heißen Wasser lösen.
3. Je ⅓ der steifgeschlagenen Sahne auf die Paprikapürees verteilen und unterheben. Die lauwarme Gelatine auch je zu ⅓ unter die Masse rühren, in das gelbe Paprikapüree den Schnittlauch geben und nochmals nachwürzen.
4. Zuerst die grüne, dann die gelbe und zum Schluß die rote Paprikamasse in eine Terrinenform füllen und mindestens 6 Stunden kalt stellen.
5. Die Terrine zum Stürzen auf ein Brett legen und warmes Wasser über die Form laufen lassen, damit sie sich aus der Form löst. Mit einem in heißes Wasser getauchten Messer in etwa 3 cm breite Scheiben schneiden und sehr kalt servieren.
6. Nach Möglichkeit rohe sehr dünn geschnittene Paprikascheiben dazugeben und mit einer Safransauce anrichten.
7. Für die Sauce werden die Safranfäden mit der restlichen Sahne leicht cremig geschlagen und mit Salz, Pfeffer, der frisch geriebenen Muskatnuß und wenig Cayennepfeffer mild abgeschmeckt.
(auf dem Foto S. 40)

Variation

Sie können auch fein geschnittene bunte Paprikastreifen als leichten Salat anmachen und zu der Terrine servieren. Er sollte nur den feinen Geschmack unterstreichen und nicht dominieren.

Kohlrabi-Möhren-Terrine

Für 12–16 Portionen
Zubereitungszeit ca. 90 Min.
ca. 2300 kcal/9660 kJ

500 g Kohlrabi
500 g Möhren
400 ml süße Sahne
10 Blatt Gelatine
Salz, Pfeffer
geriebene Muskatnuß

1. Kohlrabi und die Möhren schälen, in Stücke schneiden und getrennt weichkochen. Abschrecken und anschließend getrennt in einem Mixer fein pürieren.
2. Die Gelatine in kaltem Wasser einweichen und die Sahne steif schlagen. In einigen Eßlöffeln heißem Wasser die Gelatine auflösen.
3. Die Sahne zu den pürierten Gemüsemassen geben, unterheben und mit den Gewürzen abschmecken. Nun die noch warme Gelatine unterrühren.
4. Beide Massen schichtweise in eine Terrinenform füllen und mindestens 6 Stunden kalt stellen. Anschließend stürzen und in Scheiben schneiden.
5. Sehr gut schmeckt dazu ein Salat von blanchierten Kohlrabi- und Möhrenstreifen, der mit wenig Estragonessig, Olivenöl und einigen Estragonblättchen gewürzt wurde.
(auf dem Foto rechts)

Gemüseterrine weiss und rot

Für 12–16 Portionen
Zubereitungszeit ca. 90 Min.
ca. 2400 kcal/10080 kJ

500 g weiße Rüben (Navetten)
500 g rote Bete
10 Blatt Gelatine
400 ml süße Sahne
Salz, Pfeffer
geriebene Muskatnuß

1. Die weißen Rüben und die rote Bete schälen und getrennt weichkochen, abschrecken und in einem Mixer fein pürieren.
2. Die Gelatine in kaltem Wasser einweichen und die Sahne steif schlagen. Die Gelatine in wenig heißem Wasser lösen.
3. Die Sahne zu gleichen Teilen unter die zwei Pürees ziehen und mit den Gewürzen abschmecken. Die noch warme Gelatine unter die beiden Massen mischen.
4. Zuerst die Rote-Bete-Masse in eine Terrinenform geben, dann die zweite Farce einfüllen und für mindestens 6 Stunden in den Kühlschrank stellen.
5. Sollten Sie noch einige der weißen und roten Rüben übrig haben, so läßt sich aus dem blanchierten und in Würfel geschnittenen Gemüse leicht ein Salat zubereiten, der mit wenig Schnittlauch, Essig, Öl, Salz und Pfeffer gut mit dem Geschmack der Terrine harmoniert.
(auf dem Foto: unten)

Avocado-Tomaten-Terrine

Für 12–16 Portionen
Zubereitungszeit ca. 90 Min.
ca. 3300 kcal/13860 kJ

3–4 Avocados
2 Zitronen
1 Bund Basilikum
9 Tomaten
12 Blatt Gelatine
500 ml süße Sahne
Salz, Pfeffer
Olivenöl
Balsamessig
1 kleine Knoblauchzehe

1. Die Avocados halbieren, den Kern entfernen, vierteln und die Schale abziehen. Das Fruchtfleisch in einer Schüssel sammeln und mit Zitronensaft beträufeln.
2. Die Hälfte des Basilikums waschen, die Blättchen abzupfen und in feine Streifchen schneiden.
3. Drei Tomaten oben einritzen, den Stielansatz entfernen und etwa 3–5 Sekunden in kochendes Wasser geben. Anschließend mit kaltem Wasser abschrecken, die Haut der Tomaten abziehen, vierteln, die Kerne entfernen und würfeln.
4. Die Gelatine in kaltem Wasser einweichen. Die Sahne steif schlagen und kalt stellen. In der Zwischenzeit die Avocados mit einem Mixer fein pürieren. Die steifgeschlagene Sahne, Basilikum und die Tomatenwürfel unterheben, mit den Gewürzen fein abschmecken.
5. Die eingeweichte Gelatine in etwa 6 Eßlöffeln heißem Wasser lösen und noch warm unter die Avocadomasse rühren. Diese Masse in eine Terrinenform geben und mindestens 6 Stunden im Kühlschrank auskühlen lassen.
6. Für den Tomatensalat die übrigen Tomaten auf die zuvor beschriebene Weise vorbereiten und auch in kleine Würfelchen schneiden. Von dem restlichen Basilikum einige Blättchen zur Dekoration aufbewahren. Den Rest waschen, von den Stielen zupfen und feinschneiden. Mit wenig Olivenöl, einigen Tropfen Balsamessig, Salz, Pfeffer und einer Spur zerdrücktem Knoblauch leicht würzen.
7. Die Terrine in etwa 2 cm dicke Scheiben schneiden, mit dem Tomatensalat und eventuell einem Schnitz Avocado anrichten und das Basilikum dazulegen.
(auf dem Foto: oben)

Kartoffel-Mandel-Terrine auf Spinatsalat

Für 12–16 Portionen
Zubereitungszeit ca. 120 Min.
ca. 2000 kcal/8400 kJ

1 kg festkochende Kartoffeln
1 TL Kümmel
6 Eigelb
50 ml süße Sahne
2 EL geröstete Mandelstifte
wenig Butter
1 Bund Schnittlauch
Salz, Pfeffer
geriebene Muskatnuß

Salat:
200 g Salatspinat
1 kleine Schalottenzwiebel
1 kleine Knoblauchzehe
Olivenöl
Weißweinessig

1. Die Kartoffeln waschen und in kaltem, leicht gesalzenem Wasser mit dem Kümmel aufsetzen und weichkochen. Das Wasser abgießen und die Kartoffeln ausdampfen lassen. Noch warm schälen und durch eine Kartoffelpresse oder durch ein Sieb drücken.
2. Die Eigelbe nacheinander in die Kartoffelmasse einrühren, Sahne, Mandelstifte und einen Teelöffel Butter zugeben.
3. Den Schnittlauch in feinste Röllchen schneiden und ebenfalls unterrühren. Mit Salz, Pfeffer und frisch geriebener Muskatnuß abschmecken.
4. Eine Terrinenform mit wenig Butter einfetten, die Kartoffelmasse einfüllen und mit einem gebutterten Deckel oder Alufolie verschließen.
5. Im Backofen bei 180°C etwa 60 Minuten im Wasserbad garen. Mindestens 6 Stunden auskühlen lassen und bis zur weiteren Verwendung in den Kühlschrank stellen.
6. Für den Spinatsalat den Spinat verlesen und waschen. Die Schalottenzwiebel und den Knoblauch schälen und in sehr feine Würfelchen schneiden.
7. Aus Weißweinessig, Olivenöl, Salz und frisch gemahlenem Pfeffer eine Salatsauce rühren.
Den Spinatsalat in dieser Sauce vorsichtig wenden und auf Tellern verteilen. Je eine etwa 2 cm dicke Scheibe der Kartoffelterrine an den Salat legen.
(auf dem Foto: oben)

Brokkoliterrine

Für 12–16 Portionen
Zubereitungszeit ca. 90 Min.
ca. 1900 kcal/7980 kJ

900 g Brokkoli
300 g Blumenkohl
10 Blatt Gelatine
400 ml süße Sahne
Salz, Pfeffer, Muskatnuß

1. Den Brokkoli und den Blumenkohl säubern und die Röschen von den Stielen schneiden.
2. Beide Gemüse getrennt in gesalzenem Wasser weich kochen, abschrecken und abtropfen lassen.
3. Die Gelatine in kaltem Wasser einweichen und die Sahne steif schlagen. Den Brokkoli bis auf einige schöne Röschen in einem Mixer fein pürieren.
4. Die Gelatine in 6 Eßlöffeln heißem Wasser lösen, die Sahne unter das Brokkolipüree heben, mit den Gewürzen fein abschmecken und die noch warme Gelatine einrühren.
5. Die Hälfte der Brokkolimasse in eine Terrinenform füllen, die Blumenkohlröschen einlegen und mit der restlichen Masse bedecken. Die Terrine mindestens 6 Stunden kalt stellen.
6. Die Terrine mit den übrigen Brokkoliröschen garnieren und mit einer Sauce aus Crème fraîche servieren.
(auf dem Foto: unten)

Rezeptverzeichnis

Abkürzungen:
EL = Eßlöffel
Msp. = Messerspitze
TL = Teelöffel

Temperaturstufen:
Die Angaben in diesem Buch beziehen sich auf Elektrobacköfen.

Elektrobackofen	Gasherd
150°C/160°C	Stufe 1
175°C/180°C	Stufe 2
200°C	Stufe 3
220°C/225°C	Stufe 4
240°C	Stufe 5
250°C	Stufe 6

Bei einem Heißluftherd sind niedrigere Wärmegrade als beim Elektrobackofen ausreichend; es sei dazu auf die Bedienungsanleitung des Gerätes verwiesen.

„Falken-Feinschmecker" ist eine exquisite Kochbuchreihe, deren Bände immer einem besonderen Thema gewidmet sind. So kommt jeder Genießer auf seine Kosten. Fragen Sie Ihren Buchhändler!

CIP-Kurztitelaufnahme der Deutschen Bibliothek

Kirsch, Maurice:
Pasteten und Terrinen: in Hülle u. Fülle / Maurice Kirsch. – Niedernhausen/Ts.: Falken-Verl., 1987.
(Falken-Bücherei) (Falken-Feinschmecker)
ISBN 3-8068-0883-X

ISBN 3 8068 0883 X

Titelbild und Fotos: Michael Wissing BFF, Elzach.

Gesamtproduktion: Falken-Verlag GmbH, D-6272 Niedernhausen/Ts.

817 2635 4453 6271